새길수록
마음을 환히 밝혀 주는

명심보감

HR기획 글

효리원
hyoreewon.com

머리말

《명심보감》은 원래 중국 명나라의 범입본이라는 학자가 성현들의 명언이나 본받을 만한 행실을 모아 엮은 책이에요. 하지만 우리나라에 대대로 전해 내려오는 《명심보감》은 고려 충렬왕 때에 의로운 신하였던 추적이, 중국 원본을 계선, 천명, 권학, 치가 등의 24개 부문으로 나누어 새롭게 엮은 책이에요. 이 책은 훗날 서당에서 《천자문》 다음으로 읽어야 할 어린이 교양서로 자리 잡았지요.

명심보감(明밝을 명, 心마음 심, 寶보배 보, 鑑거울 감)은 '마음을 밝게 비추는 보배로운 거울'이라는 뜻이에요. 이름처럼 《명심보감》에 실려 있는 글들은 모두 자신을 돌아보게 하고, 세상을 살아가는 바른 길을 안내하는 소중한 가르침들이랍니다.

《새길수록 마음을 환히 밝혀 주는 명심보감》은 착한 행동을 권하는 〈계선(繼善)〉, 바른 태도를 갖추게 하는 〈정기(正己)〉, 마음을 바로잡아 주는 〈안분(安分)〉, 소통의 중요성을 강조하는 〈언

어(言語)〉, 집안의 질서를 세우는 〈효행(孝行)〉, 배움에 힘쓰는 〈근학(根學)〉 등에서 주옥같은 글귀를 뽑아 한 자 한 자 소리 내 읽고 따라 쓰면서 가슴에 새기도록 했어요.

그런데 왜 굳이 읽고 따라 써야 하냐고요? 따라쓰기를 하면 몇 가지 좋은 점이 있어서예요. 글을 소리 내 읽고 따라 쓰면, 뇌와 연결된 손가락의 신경 세포와 귀의 청각 세포를 자극하게 되어 두뇌 발달에 효과적이거든요. 또 집중력도 높아지고, 따라 쓰면서 생각을 정리하는 습관이 길러져요. 입으로 글을 읊조리면서 손으로 따라 쓰면 내용이 오래도록 기억에 남아 암기력도 좋아지고요.

공부하기 싫을 때, 부모님이나 친구들 사이에 문제가 생겼을 때, 화가 났을 때 《새길수록 마음을 환히 밝혀 주는 명심보감》을 펴고 또박또박 따라 써 보세요. 공부 머리가 단단해지면서 마음의 힘까지 훌쩍 자라니, 도랑 치고 가재 잡고! 일석이조랍니다!

제1편 착한 행동에 관한 글 (계선)

제2편 바른 태도에 관한 글 (정기)

제3편 마음을 바로잡아 주는 글 (안분)

제4편 소통의 중요성에 관한 글 (언어)

제5편 효와 가정의 질서에 관한 글 (효행)

제6편 배움과 교육에 관한 글 (근학)

이을 계 착할 선

繼善 계선

제1편

생명 살리는 일을 이어가다

착한 행동에 관한 글

계선편 1 착한 일을 하는 사람에게는 하늘이 복을 주고,
나쁜 일을 하는 사람에게는 하늘이 벌을 준단다.

계선편 2 아무리 작은 일이라도 착한 행동은 꼭 해야 하고,
아무리 작은 일이라도 나쁜 행동을 해서는 안 돼.

계선편 3 하루라도 착한 일을 생각하지 않으면,
온갖 나쁜 마음이 저절로 생기지.

계선편 4 착한 일을 보거든 목마를 때 물을 찾듯이 하고,
나쁜 일을 듣거든 귀먹은 사람처럼 행동하렴.

계선편 5

평생토록 착한 일을 해도 착함은 오히려 모자랄 뿐이고, 단 하루 나쁜 일을 해도 나쁨은 저절로 넘쳐나지.

계선편 6

사랑과 정의를 널리 베풀렴. 사람이 살면서 어디서든 마주치지 않겠니? 원수는 만들지 말고! 좁은 길에서 만나면 피하기 어렵단다.

계선편 7

나에게 잘하는 사람은 나 역시 잘 대해 주고, 나에게 못되게 구는 사람도 나는 역시 잘 대해 주어야 한단다.

계선편 8

착한 일을 보거든 못다 이룬 일처럼 여기고, 나쁜 일을 보거든 끓는 물을 만진 듯이 해야 해.

계선편 9

하루에 하나라도 착한 일을 하면 복까진 아니어도 재앙에서 멀어지고, 하루에 하나라도 나쁜 일을 하면 재앙까진 아니지만 복에서 멀어지지.

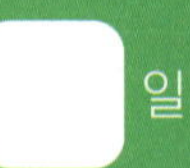

착한 일을 하는 사람에게는
하늘이 복을 주고,
나쁜 일을 하는 사람에게는
하늘이 벌을 준단다.

※ 공자 : 중국 춘추 시대의 학자

띄어쓰기와 맞춤법에 주의하며 지혜의 글을 따라 써 보세요.

착한 일을 하는 사람에게는

하늘이 복을 주고,

나쁜 일을 하는 사람에게는

하늘이 벌을 준단다.

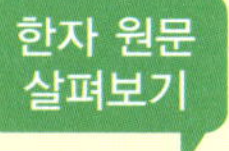

爲(할 위) 善(착할 선) 者(사람 자)는 天(하늘 천) 報(갚을 보) 之(갈 지) 以(써 이) 福(복 복)하고

爲(할 위) 不(아닐 불) 善(착할 선) 者(사람 자)는 天(하늘 천) 報(갚을 보) 之(갈 지) 以(써 이) 禍(재앙 화)니라

의미를 생각하면서 명심보감의 지혜를 다시 따라 써 보세요.

착한 일을 하는 사람에게는

하늘이 복을 주고,

나쁜 일을 하는 사람에게는

하늘이 벌을 준단다.

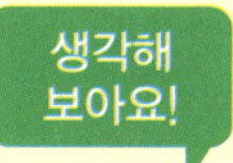

누구나 때로는 나쁜 마음이 들기도 해요. 또 누구에게나 그 마음을 다스릴 힘이 있지요. 마음대로 행동할지 마음을 다스려 행동할지는 내 선택이에요. 어떤 사람이 되느냐는 '어떤 행동을 하느냐'에 달렸으니, 복 받는 사람이 되는 행동을 선택하면 좋겠어요.

마음을 밝혀 주는 한나라 소열 황제의 가르침

"아무리 작은 일이라도 착한 행동은
꼭 해야 하고,
아무리 작은 일이라도 나쁜 행동을
해서는 안 돼."

※ 소열 황제 : 유비. 중국 한(촉)나라의 초대 황제

띄어쓰기와 맞춤법에 주의하며 지혜의 글을 따라 써 보세요.

아무리 작은 일이라도

착한 행동은 꼭 해야 하고,

아무리 작은 일이라도

나쁜 행동을 해서는 안 돼.

勿	以	善	小	而	不	爲하고
말물	써이	착할선	작을소	말이을이	아닐불	할위

勿	以	惡	小	而	爲	之하라
말물	써이	악할악	작을소	말이을이	할위	갈지

의미를 생각하면서 명심보감의 지혜를 다시 따라 써 보세요.

아무리 작은 일이라도

착한 행동은 꼭 해야 하고,

아무리 작은 일이라도

나쁜 행동을 해서는 안 돼.

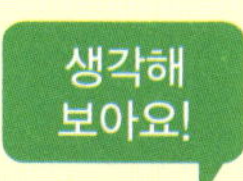

'티끌 모아 태산'이라는 말이 있죠? 우리가 하는 작은 행동은 차곡차곡 쌓여 습관이 돼요. 습관은 웬만해선 바꾸기 힘들어서, 처음에는 내가 습관을 만들지만 나중에는 그 습관이 나를 만들게 돼요. 그러니 매일 좋은 행동으로 좋은 습관의 산을 쌓아야겠죠?

마음을 밝혀 주는 장자의 가르침

하루라도
착한 일을 생각하지 않으면,
온갖 나쁜 마음이
저절로 생기지.

※ 장자 : 중국 전국 시대의 사상가

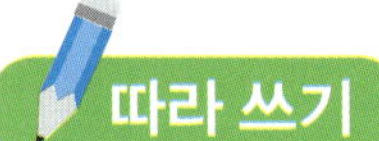

따라 쓰기 띄어쓰기와 맞춤법에 주의하며 지혜의 글을 따라 써 보세요.

하루라도

착한 일을 생각하지 않으면,

온갖 나쁜 마음이

저절로 생기지.

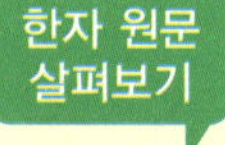

한자 원문 살펴보기

一	日	不	念	善이면
한일	날일	아닐불	생각념	착할선

諸	惡이	皆	自	起니라
모두제	악할악	다개	스스로자	일어날기

의미를 생각하면서 명심보감의 지혜를 다시 따라 써 보세요.

하루라도

착한 일을 생각하지 않으면,

온갖 나쁜 마음이

저절로 생기지.

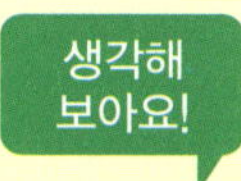

사람은 누구나 좋은 마음을 가지고 있어요. 다만, 그 마음을 지키려고 애쓰지 않으면 이기심, 욕심, 게으름 같은 나쁜 마음이 비집고 들어와서 나쁜 물을 들여요. 매일매일 마음을 맑게 하고 자꾸자꾸 좋은 생각을 해야 나쁜 행동에 물들 틈이 없겠지요?

마음을 밝혀 주는 태공의 가르침

 월  일

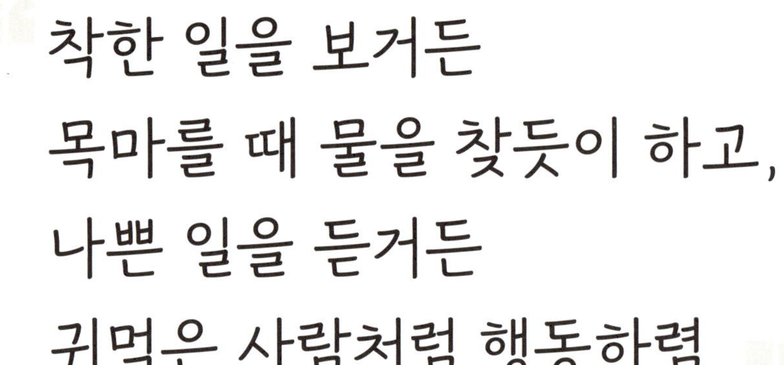

"착한 일을 보거든
목마를 때 물을 찾듯이 하고,
나쁜 일을 듣거든
귀먹은 사람처럼 행동하렴."

※ 태공 : 중국 노나라의 초대 군주

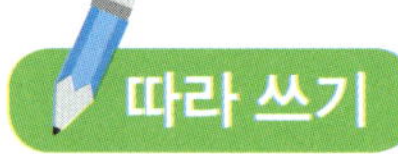

띄어쓰기와 맞춤법에 주의하며 지혜의 글을 따라 써 보세요.

착한 일을 보거든

목마를 때 물을 찾듯이 하고,

나쁜 일을 듣거든

귀먹은 사람처럼 행동하렴.

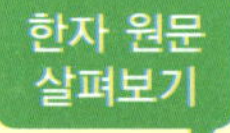

見(볼 견) 善(착할 선) 如(같을 여) 渴(목마를 갈)하고 聞(들을 문) 惡(악할 악) 如(같을 여) 聾(귀먹을 롱)하라

의미를 생각하면서 명심보감의 지혜를 다시 따라 써 보세요.

착한 일을 보거든
목마를 때 물을 찾듯이 하고,
나쁜 일을 듣거든
귀먹은 사람처럼 행동하려.

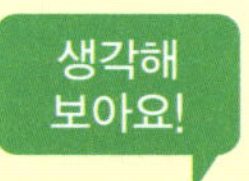

사막에서 오아시스를 만나면 어떻게 할까요? 한달음에 달려가 물을 마시겠지요! 착한 일은 그렇게 반기듯 해야 한대요. 반면에 나쁜 일은 못 들은 척 애써 무시하세요. 나쁜 유혹은 물리치기 어렵거든요. 나의 애씀을 나쁜 일보다는 착한 일에 양보하면 어때요?

마음을 밝혀 주는 마원의 가르침

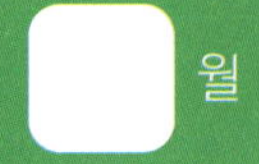

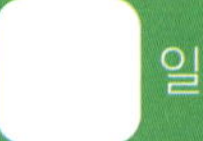

"평생토록 착한 일을 해도
착함은 오히려 모자랄 뿐이고,
단 하루 나쁜 일을 해도
나쁨은 저절로 넘쳐나지."

※ 마원 : 중국 후한 때의 장군

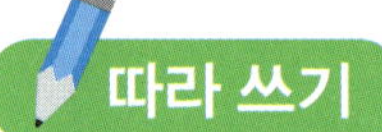

띄어쓰기와 맞춤법에 주의하며 지혜의 글을 따라 써 보세요.

평생토록 착한 일을 해도
착함은 오히려 모자랄 뿐이고,
단 하루 나쁜 일을 해도
나쁨은 저절로 넘쳐나지.

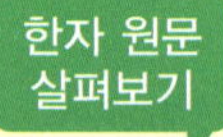

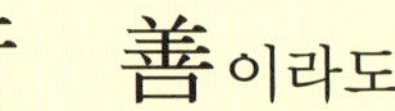

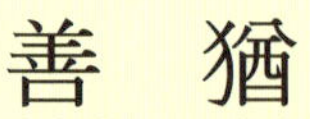

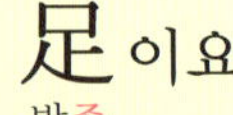

終	身	行	善이라도	善	猶	不	足이요
끝종	몸신	행할행	착할선	착할선	오히려유	아닐부	발족
一	日	行	惡이라도	惡	自	有	餘니라
한일	날일	행할행	악할악	악할악	스스로자	있을유	남을여

의미를 생각하면서 명심보감의 지혜를 다시 따라 써 보세요.

평생토록 착한 일을 해도
착함은 오히려 모자랄 뿐이고,
단 하루 나쁜 일을 해도
나쁨은 저절로 넘쳐나지.

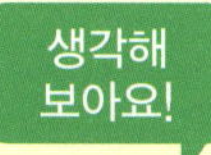

오랫동안 공들여 쌓은 탑이 무너지는 건 한순간이에요. 수천 년을 가꿔 온 숲이 한 번의 산불로 깡그리 불타기도 하고요. 나쁜 일이 순식간에 벌어지니, 착한 일은 해도 해도 항상 모자랄 수밖에요. 하지만 그 덕분에 우리는 '하고 나면 기분 좋은' 착한 일을 늘 해야 하죠.

마음을 밝혀 주는 《경행록》 책의 가르침

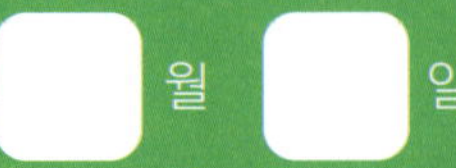

"사랑과 정의를 널리 베풀렴.
사람이 살면서 어디서든 마주치지 않겠니?
원수는 만들지 말고! 좁은 길에서 만나면
피하기 어렵단다."

※ 《경행록》 : 중국 송나라 때의 책

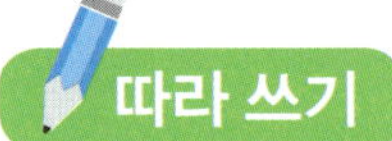

띄어쓰기와 맞춤법에 주의하며 지혜의 글을 따라 써 보세요.

사랑과 정의를 널리 베풀렴. 사람이

살면서 어디서든 마주치지 않겠니?

원수는 만들지 말고!

좁은 길에서 만나면 피하기 어렵단다.

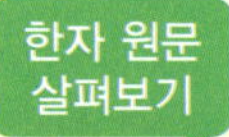

恩	義	廣	施하라	人	生	何	處	不	相	逢이리오
은혜은	옳을의	넓을광	베풀시	사람인	날생	어찌하	곳처	아닐불	서로상	만날봉
讐	怨	莫	結하라	路	逢	狹	處	難	回	避니라
원수수	원망할원	없을막	맺을결	길노	만날봉	좁을협	곳처	어려울난	돌아올회	피할피

의미를 생각하면서 명심보감의 지혜를 다시 따라 써 보세요.

사랑과 정의를 널리 베풀렴. 사람이
살면서 어디서든 마주치지 않겠니?
원수는 만들지 말고!
좁은 길에서 만나면 피하기 어렵단다.

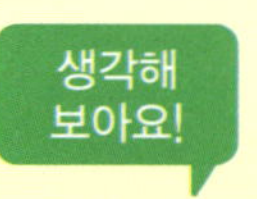

'옷깃만 스쳐도 인연'이라고 해요. 잠깐 만난 사람도 언젠가 다시 만나는 일이 의외로 많거든요. 내가 그 사람에게 무엇을 베풀었느냐에 따라 좋은 인연이 되기도 하고, 나쁜 악연으로 얽히기도 해요. 오늘 만나는 친구에게 어떤 인연의 씨앗을 심고 있나요?

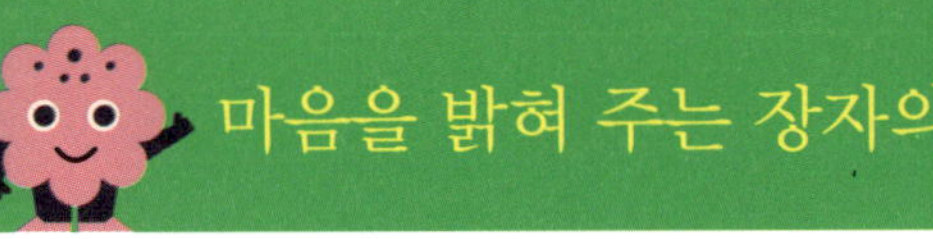

"나에게 잘하는 사람은
나 역시 잘 대해 주고,
나에게 못되게 구는 사람도
나는 역시 잘 대해 주어야 한단다."

따라 쓰기 띄어쓰기와 맞춤법에 주의하며 지혜의 글을 따라 써 보세요.

나에게 잘하는 사람은

나 역시 잘 대해 주고,

나에게 못되게 구는 사람도

나는 역시 잘 대해 주어야 한단다.

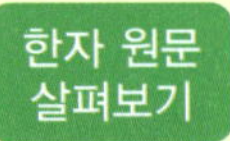

於(어조사 어) 我(나 아) 善(착할 선) 者(사람 자)라도 我(나 아) 亦(또 역) 善(착할 선) 之(갈 지)하고

於(어조사 어) 我(나 아) 惡(악할 악) 者(사람 자)라도 我(나 아) 亦(또 역) 善(착할 선) 之(갈 지)하라

의미를 생각하면서 명심보감의 지혜를 다시 따라 써 보세요.

나에게 잘하는 사람은
나 역시 잘 대해 주고,
나에게 못되게 구는 사람도
나는 역시 잘 대해 주어야 한단다.

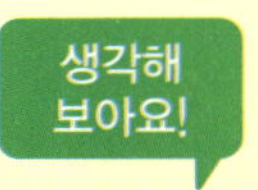

나에게 잘해 줘서 만만하게 대하는 친구가 있나요? 언젠가 내가 엄청 미안해질 거예요. 내가 잘해 주는데도 함부로 구는 친구는요? 언젠가 그 친구가 내게 엄청 미안해 하겠죠. 미안함을 뒤집으면 고마움이 돼요. 고마운 사람에게는 결국 머리를 숙이게 되어 있죠.

마음을 밝혀 주는 공자의 가르침

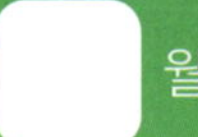 월  일

착한 일을 보거든
못다 이룬 일처럼 여기고,
나쁜 일을 보거든
끓는 물을 만진 듯이 해야 해.

따라 쓰기 띄어쓰기와 맞춤법에 주의하며 지혜의 글을 따라 써 보세요.

착한 일을 보거든

못다 이룬 일처럼 여기고,

나쁜 일을 보거든

끓는 물을 만진 듯이 해야 해.

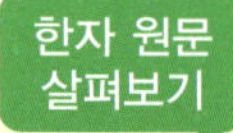
한자 원문 살펴보기

見(볼견) 善(착할선) 如(같을여) 不(아닐불) 及(미칠급)하고
見(볼견) 不(아닐불) 善(착할선) 如(같을여) 探(찾을탐) 湯(끓일탕)하라

의미를 생각하면서 명심보감의 지혜를 다시 따라 써 보세요.

착한 일을 보거든
못다 이룬 일처럼 여기고,
나쁜 일을 보거든
끓는 물을 만진 듯이 해야 해.

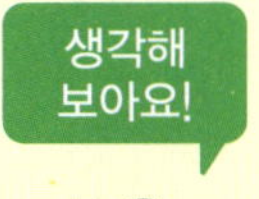

여러분은 아직 못다 한 일이 있으면 어떻게 하나요? 뜨거운 물에 손을 넣었을 때는요? 못다 한 일은 얼른 끝내려고 애를 쓸 테고, 뜨거운 물은 델까 싶어 얼른 손을 빼겠죠. 나쁜 일에서 얼른 손을 빼면, 그만큼 못다 한 착한 일을 더 할 수 있답니다.

마음을 밝혀 주는 사마온공의 가르침

"하루에 하나라도 착한 일을 하면 복까진
아니어도 재앙에서 멀어지고,
하루에 하나라도 나쁜 일을 하면 재앙까진
아니지만 복에서 멀어지지."

※ 사마온공 : 사마광. 중국 북송 시대의 학자이자 정치가

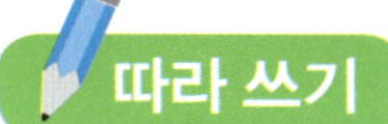

띄어쓰기와 맞춤법에 주의하며 지혜의 글을 따라 써 보세요.

하루에 하나라도 착한 일을 하면
복까진 아니어도 재앙에서 멀어지고,
하루에 하나라도 나쁜 일을 하면
재앙까진 아니지만 복에서 멀어지지.

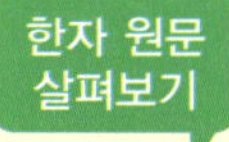

一	日	行	善이면	福	雖	未	至나	禍	者	遠	矣요
한일	날일	행할행	착할선	복복	비록수	아닐미	이를지	재앙화	사람자	멀원	어조사의
一	日	行	惡이면	禍	雖	未	至나	福	者	遠	矣니라
한일	날일	행할행	악할악	재앙화	비록수	아닐미	이를지	복복	사람자	멀원	어조사의

의미를 생각하면서 명심보감의 지혜를 다시 따라 써 보세요.

하루에 하나라도 착한 일을 하면
복까진 아니어도 재앙에서 멀어지고,
하루에 하나라도 나쁜 일을 하면
재앙까진 아니지만 복에서 멀어지지.

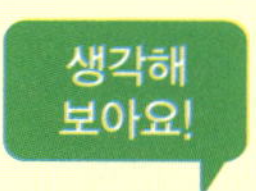

어떤 일이든 단박에 눈에 보이는 성과가 나오기는 힘들어요. 큰 복과 끔찍한 재앙은 오랜 시간에 걸쳐 쌓인 행동들의 결과물이거든요. 그렇지만 단 하루치라고 해도, 착한 선행은 재앙에서 한 걸음 물러나게 하고, 나쁜 악행은 복을 저만치 밀어내 버리지요.

바를 정 자기 기

正己 정기

제2편

나를 바로 세운다

바른 태도에 관한 글

정기편 1

남의 좋은 점을 보면 내가 가진 좋은 점도 찾아보고,
남의 나쁜 점이 보이면 나의 나쁜 점도 돌아보렴.

정기편 2

큰사람은 기꺼이 남을 용서하면서도
자신이 용서받는 사람이 되는 일은 없어.

정기편 3

내가 크다고 작은 사람을 업신여기면 안 되고,
내 용기를 믿고 적을 얕잡아 봐서도 안 된단다.

정기편 4

남의 잘못을 듣거든 부모님 이름을 들은 것처럼,
듣기만 하고 말하지는 말아야 해.

정기편 5
나에게 착하다 하는 사람은 나의 도둑이고,
나를 나쁘다 하는 사람은 나의 스승이 되지.

정기편 6
부지런함은 값을 헤아릴 수 없는 보물이고,
신중함은 자신을 지켜 주는 부적이란다.

정기편 7
삶을 지키고자 하는 사람은 욕심을 줄이고,
몸을 지키고자 하는 사람은 명예를 멀리하지.

정기편 8
담백한 음식을 먹으면 정신이 상쾌해지고,
마음이 맑으면 잠자리가 편안해지지.

정기편 9
마음에 정한 대로 모든 일을 대한다면,
책을 읽지 않더라도 존경 받는 지도자가 될 수 있단다.

정기편 10
화내기를 멈추는 일은 불을 끄듯이 하고,
욕심을 절제하는 일은 물을 막듯이 하렴.

마음을 밝혀 주는 《성리서》 책의 가르침

월 일

"남의 좋은 점을 보면
내가 가진 좋은 점도 찾아보고,
남의 나쁜 점이 보이면 나의 나쁜 점도
돌아보렴."

※ 《성리서》 : 《성리대전》, 《성리군서》와 함께 성리학 대표 책

띄어쓰기와 맞춤법에 주의하며 지혜의 글을 따라 써 보세요.

남의 좋은 점을 보면

내가 가진 좋은 점도 찾아보고,

남의 나쁜 점이 보이면

나의 나쁜 점도 돌아보렴.

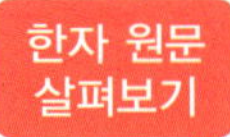

見人之善이어든 而尋己之善하고
(見 볼 견, 人 사람 인, 之 갈 지, 善 착할 선, 而 말이을 이, 尋 찾을 심, 己 몸 기, 之 갈 지, 善 착할 선)

見人之惡이어든 而尋己之惡하라
(見 볼 견, 人 사람 인, 之 갈 지, 惡 악할 악, 而 말이을 이, 尋 찾을 심, 己 몸 기, 之 갈 지, 惡 악할 악)

의미를 생각하면서 명심보감의 지혜를 다시 따라 써 보세요.

남의 좋은 점을 보면
내가 가진 좋은 점도 찾아보고,
남의 나쁜 점이 보이면
나의 나쁜 점도 돌아보렴.

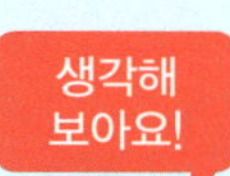

어떤 사람이나 상황을 만나든 자신을 돌아보는 기회로 삼으세요. 좋은 점을 보면 응원하면서 나의 장점을 살펴서 힘을 내고, 나쁜 점을 보면 경계하면서 나의 단점도 돌아보고 반성하는 거죠. 어떤 사람이나 상황이든 내게는 소중한 인연, 귀한 시간이 된답니다.

마음을 밝혀 주는 《경행록》 책의 가르침

큰사람은
기꺼이 남을 용서하면서도
자신이 용서받는 사람이 되는
일은 없어.

띄어쓰기와 맞춤법에 주의하며 지혜의 글을 따라 써 보세요.

큰사람은

기꺼이 남을 용서하면서도

자신이 용서받는 사람이 되는

일은 없어.

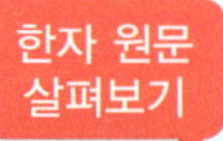

大(클 대) 丈(어른 장) 夫(지아비 부) 當(마땅 당) 容(얼굴 용) 人(사람 인)이언정
無(없을 무) 爲(할 위) 人(사람 인) 所(바 소) 容(얼굴 용)이니라

의미를 생각하면서 명심보감의 지혜를 다시 따라 써 보세요.

큰사람은
기꺼이 남을 용서하면서도
자신이 용서받는 사람이 되는
일은 없어.

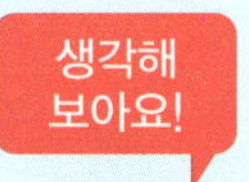

큰사람은 남의 잘못을 너그러이 용서해요. 누구든 품으니 큰사람이 될 수 있었던 거죠. 그러니 자신이 용서받을 일을 만드는 법이 없어요. 넓은 마음으로 늘 남을 배려하고 존중하니까요. 큰마음을 품은 큰사람, 대장부는 마음에 사랑이 가득한 사람일 거예요.

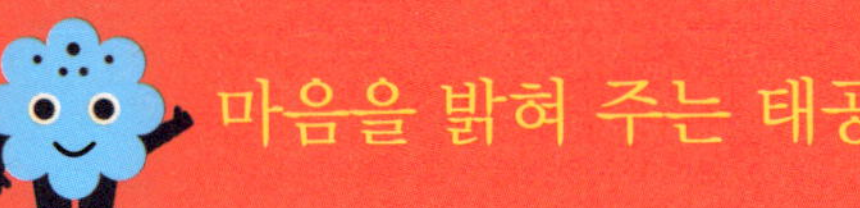

"내가 크다고
작은 사람을 업신여기면 안 되고,
내 용기를 믿고
적을 얕잡아 봐서도 안 된단다."

띄어쓰기와 맞춤법에 주의하며 지혜의 글을 따라 써 보세요.

내가 크다고
작은 사람을 업신여기면 안 되고,
내 용기를 믿고
적을 얕잡아 봐서도 안 된단다.

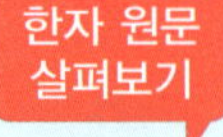

勿	以	自	大	而	蔑	小하고
말물	써이	스스로자	클대	말이을이	업신여길멸	작을소
勿	以	恃	勇	以	輕	敵하라
말물	써이	믿을시	날랠용	써이	가벼울경	대적할적

의미를 생각하면서 명심보감의 지혜를 다시 따라 써 보세요.

내가 크다고 해서
작은 사람을 업신여기면 안 되고,
내 용기를 믿고
적을 얕잡아 봐서도 안 된단다.

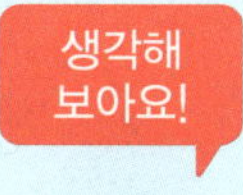

'내가 크다'는 건 어떤 걸까요? 키가 큰 것? 아니면 공부를 잘하거나 집이 부자인 것? 이건 어때요? 꿈이 크거나, 칭찬을 잘하거나, 마음이 부자라면? 눈에 보이지 않는 수많은 기준까지 생각하면, 아무도 자만할 수 없어요. 누구나 겸손해야 할 이유이지요.

마음을 밝혀 주는 마원의 가르침

 월   일

"남의 잘못을 듣거든
부모님 이름을 들은 것처럼,
듣기만 하고
말하지는 말아야 해."

따라 쓰기 띄어쓰기와 맞춤법에 주의하며 지혜의 글을 따라 써 보세요.

남의 잘못을 듣거든

부모님 이름을 들은 것처럼,

듣기만 하고

말하지는 말아야 해.

한자 원문 살펴보기

聞(들을 문) 人(사람 인) 之(갈 지) 過(지날 과) 失(잃을 실)이거든 如(같을 여) 聞(들을 문) 父(아버지 부) 母(어머니 모) 之(갈 지) 名(이름 명)하여

耳(귀 이) 可(옳을 가) 得(얻을 득) 聞(들을 문)이언정 口(입 구) 不(아닐 불) 可(옳을 가) 言(말씀 언) 也(어조사 야)니라

의미를 생각하면서 명심보감의 지혜를 다시 따라 써 보세요.

남의 잘못을 듣거든

부모님 이름을 들은 것처럼,

듣기만 하고

말하지는 말아야 해.

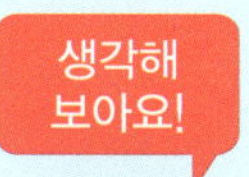

옛날에는 부모님이나 손윗사람 이름을 말하는 건 예의에 어긋났어요. 남의 잘못이나 실수를 말하는 것도 그만큼 무례한 행동이죠. 자칫 부풀리거나 엉뚱하게 전해 남에게 상처를 줄 수 있거든요. 함부로 내뱉는 말은 마음을 찌르는 칼이 되기도 한답니다.

마음을 밝혀 주는 소강절의 가르침

"나에게 착하다 하는 사람은
나의 도둑이고,
나를 나쁘다 하는 사람은
나의 스승이 되지."

※ 소강절 : 중국 북송 시대의 사상가

띄어쓰기와 맞춤법에 주의하며 지혜의 글을 따라 써 보세요.

나에게 착하다 하는 사람은

나의 도둑이고,

나를 나쁘다 하는 사람은

나의 스승이 되지.

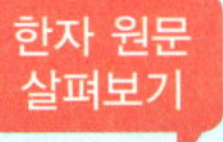

道(길도) 吾(나오) 善(착할선) 者(사람자)는 是(이시) 吾(나오) 賊(도둑적)이요
道(길도) 吾(나오) 惡(악할악) 者(사람자)는 是(이시) 吾(나오) 師(스승사)니라

의미를 생각하면서 명심보감의 지혜를 다시 따라 써 보세요.

나에게 착하다 하는 사람은
나의 도둑이고,
나를 나쁘다 하는 사람은
나의 스승이 되지.

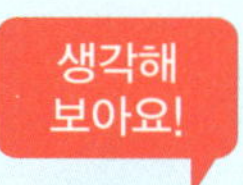

'칭찬은 고래를 춤추게 한다'는 말이 있지만, 과도한 칭찬은 사람을 자만하게 하여 장점을 도리어 잃게 만들기도 해요. '입에 쓴 약이 몸에 좋다'고 하죠? 누군가 알려 주는 내 잘못과 허물은, 듣기에는 거북해도 오히려 단점을 고치는 좋은 약이 되기도 하죠.

마음을 밝혀 주는 태공의 가르침

 월  일

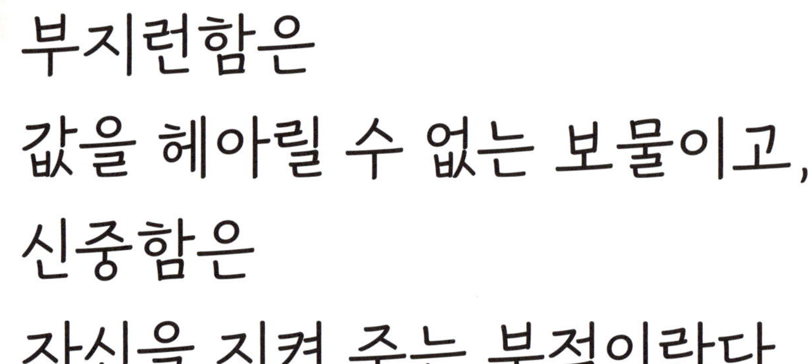

부지런함은
값을 헤아릴 수 없는 보물이고,
신중함은
자신을 지켜 주는 부적이란다.

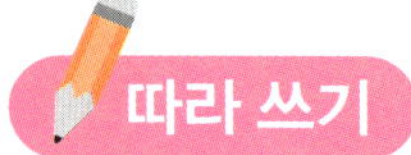

띄어쓰기와 맞춤법에 주의하며 지혜의 글을 따라 써 보세요.

부지런함은

값을 헤아릴 수 없는 보물이고,

신중함은

자신을 지켜 주는 부적이란다.

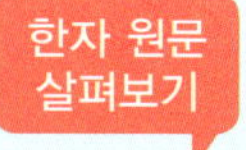

勤	爲는	無	價	之	寶요
부지런할 근	할 위	없을 무	값 가	갈 지	보배 보
愼	是는	護	身	之	符니라
삼갈 신	이 시	도울 호	몸 신	갈 지	부호 부

의미를 생각하면서 명심보감의 지혜를 다시 따라 써 보세요.

부지런함은
값을 헤아릴 수 없는 보물이고,
신중함은
자신을 지켜 주는 부적이란다.

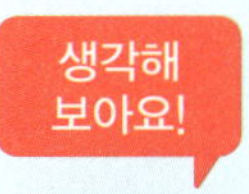

재능이 뛰어나도 부지런히 갈고 닦아야 열매를 맺을 수 있어요. 재능이 부족해도 최선을 다하면 쑥쑥 성장해 꽃을 피워 내고요. 물론 힘든 순간도 올 거예요. 그럴 땐 신중하게 마음을 다잡고 힘을 내요. 성공보다는 성장을 꿈꾸면서 말이죠!

마음을 밝혀 주는 《경행록》 책의 가르침

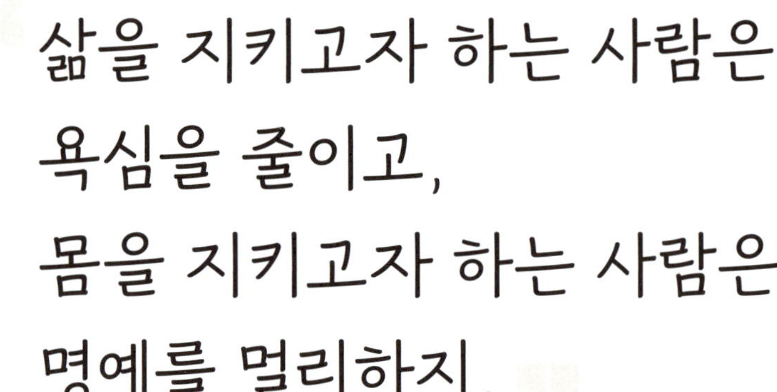

따라 쓰기 띄어쓰기와 맞춤법에 주의하며 지혜의 글을 따라 써 보세요.

삶을 지키고자 하는 사람은

욕심을 줄이고,

몸을 지키고자 하는 사람은

명예를 멀리하지.

한자 원문 살펴보기

保(지킬 보) 生(날 생) 者(사람 자)는 寡(적을 과) 慾(욕심 욕)하고 保(지킬 보) 身(몸 신) 者(사람 자)는 避(피할 피) 名(이름 명)이라

의미를 생각하면서 명심보감의 지혜를 다시 따라 써 보세요.

삶을 지키고자 하는 사람은
욕심을 줄이고,
몸을 지키고자 하는 사람은
명예를 멀리하지.

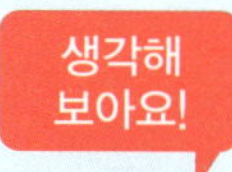

욕심을 부리면 일상의 작은 기쁨이 성에 차지 않아요. 사람들의 주목을 받고 싶어 하면 남들 눈치 보느라 나답게 살기 어렵고요. 평화로운 일상과 온전한 나를 지켜 내고 싶다면, 나누고 어울려 지내는 일에 관심을 두어 보세요. 함께여서 커지는 행복이 보일 거예요.

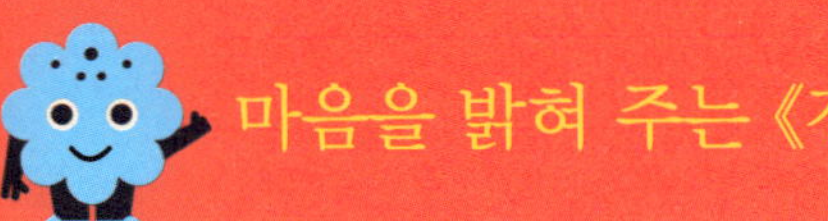

월

일

담백한 음식을 먹으면
정신이 상쾌해지고,
마음이 맑으면
잠자리가 편안해지지.

따라 쓰기 띄어쓰기와 맞춤법에 주의하며 지혜의 글을 따라 써 보세요.

담백한 음식을 먹으면

정신이 상쾌해지고,

마음이 맑으면

잠자리가 편안해지지.

食(먹을 식) 淡(맑을 담) 精(정할 정) 神(귀신 신) 爽(시원할 상)이요 心(마음 심) 清(맑을 청) 夢(꿈 몽) 寐(잘 매) 安(편안 안)이니라

의미를 생각하면서 명심보감의 지혜를 다시 따라 써 보세요.

담백한 음식을 먹으면
정신이 상쾌해지고,
마음이 맑으면
잠자리가 편안해지지.

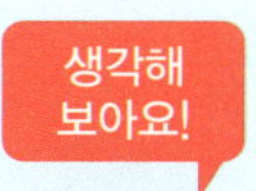

누구나 '잘 먹고 잘 살기'를 바라죠. 그런데 잘 먹고 잘 산다는 게 대체 뭘까요? 우리의 옛 선배들은, 소박하게 먹고 걱정 없이 푹 자는 것이 잘 사는 거라고 여겼던 모양이에요. 정신이 맑고 마음이 편안해야 좋은 삶을 일굴 바탕을 갖추는 것이라고 생각한 거죠.

마음을 밝혀 주는 《경행록》 책의 가르침

 월  일

"마음에 정한 대로
모든 일을 대한다면,
책을 읽지 않더라도 존경받는
지도자가 될 수 있단다."

따라 쓰기 띄어쓰기와 맞춤법에 주의하며 지혜의 글을 따라 써 보세요.

마음에 정한 대로

모든 일을 대한다면,

책을 읽지 않더라도

존경받는 지도자가 될 수 있단다.

한자 원문 살펴보기

定(정할 정) 心(마음 심) 應(응할 응) 物(물건 물)이면 雖(비록 수) 不(아닐 불) 讀(읽을 독) 書(글 서)라도

可(옳을 가) 以(써 이) 爲(할 위) 有(있을 유) 德(클 덕) 君(임금 군) 子(아들 자)니라

의미를 생각하면서 명심보감의 지혜를 다시 따라 써 보세요.

마음에 정한 대로
모든 일을 대한다면,
책을 읽지 않더라도
존경받는 지도자가 될 수 있단다.

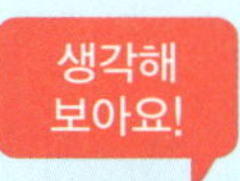

감정은 '나'를 알기 위한 나침반이지만, 감정에 휩쓸려 기분 내키는 대로 판단하면 일을 그르쳐요. 어떤 순간에도 본래 정한 기준대로 흔들림 없이 판단을 내릴 수 있다면, 설사 정보나 지식이 부족하더라도 좋은 지도자의 자질을 충분히 갖춘 거예요.

마음을 밝혀 주는 《근사록》 책의 가르침

"화내기를 멈추는 일은
불을 끄듯이 하고,
욕심을 절제하는 일은
물을 막듯이 하렴."

※ 《근사록》 : 중국 송나라의 학자 여조겸이 편찬한 책

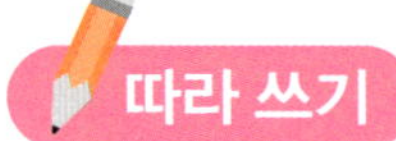

띄어쓰기와 맞춤법에 주의하며 지혜의 글을 따라 써 보세요.

화내기를 멈추는 일은

불을 끄듯이 하고,

욕심을 절제하는 일은

물을 막듯이 하렴.

한자 원문 살펴보기

懲(징계할 징) 忿(성낼 분) 如(같을 여) 救(구원할 구) 火(불 화)하고 窒(막힐 질) 慾(욕심 욕) 如(같을 여) 防(막을 방) 水(물 수)하라

의미를 생각하면서 명심보감의 지혜를 다시 따라 써 보세요.

화내기를 멈추는 일은
불을 끄듯이 하고,
욕심을 절제하는 일은
물을 막듯이 하렴.

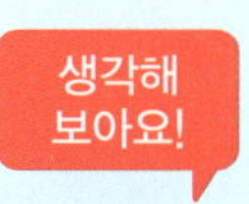

화낼 때는 불을 끄듯 '단숨에' 가라앉혀야 해요. 화난다고 화를 내면, 속은 약간 후련해도 남는 건 잿더미뿐일 거예요. 욕심은 또 어떨까요? 물이 조금 샌다고 내버려두면 결국 둑을 무너뜨리듯, 욕심도 그래요. '얼른' 멈추지 않으면 걷잡을 수 없이 커져서 자신을 망치죠.

편안 안 분수 분

安分 안분

제3편

만족을 알아 편안하다

마음을 바로잡아 주는 글

안분편 1 만족할 줄 알아야 즐길 수 있지,
욕심껏 채우려고만 들면 걱정이 쌓인단다.

안분편 2 만족을 아는 사람은 가난하고 지위가 낮아도
즐거워하는데, 만족을 모르는 사람은
부유하고 지위가 높아도 우울해 하지.

안분편 3 지나친 생각은 헛되이 정신만 상하게 하여,
지나친 행동으로 도리어 재앙을 부른단다.

안분편 4

만족할 줄 알아서 늘 만족하면 평생 욕먹을 일이 없고,
멈출 때를 알아서 제때 멈추면 평생 부끄러울 일이 없어.

안분편 5

가진 게 많을수록 오히려 손해를 보고,
내세우지 않고 겸손할수록 되레 이익을 얻는단다.

안분편 6

제 처지를 기꺼이 여기면 몸 고달플 일이 없고,
세상의 이치를 알면 마음이 저절로 여유로워지지.

안분편 7

그 자리에 있지 않으면,
그 자리 일에 나서면 안 된단다.

마음을 밝혀 주는 《경행록》 책의 가르침

 월  일

"만족할 줄 알아야
즐길 수 있지,
욕심껏 채우려고만 들면
걱정이 쌓인단다."

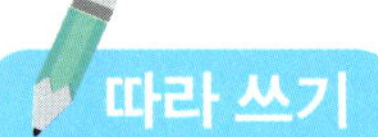

띄어쓰기와 맞춤법에 주의하며 지혜의 글을 따라 써 보세요.

만족할 줄 알아야

즐길 수 있지,

욕심껏 채우려고만 들면

걱정이 쌓인단다.

한자 원문 살펴보기

知(알 지) 足(발 족) 可(옳을 가) 樂(즐길 락)이요 務(힘쓸 무) 貪(탐낼 탐) 則(곧 즉) 憂(근심 우)니라

의미를 생각하면서 명심보감의 지혜를 다시 따라 써 보세요.

만족할 줄 알아야
즐길 수 있지,
욕심껏 채우려고만 들면
걱정이 쌓인단다.

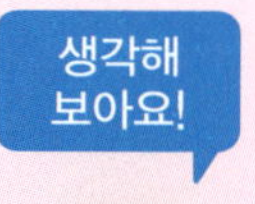

만족이 뭘까요? 하고 싶은 대로 할 때 느끼는 흡족함일까요? 아니요, 그건 욕심이래요. '이 정도라도 감사하다' 하는 마음이 만족이래요. 감사는 절로 드는 마음이 아니라 애써 갖는 마음이죠. 욕심만 채우려고 애쓰면, 뜻대로 안 될 때마다 얼마나 속상할까요?

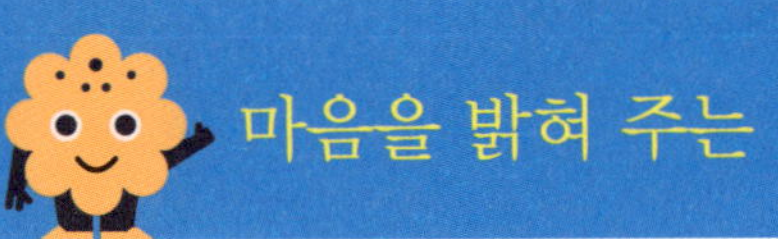

만족을 아는 사람은
가난하고 지위가 낮아도 즐거워하는데,
만족을 모르는 사람은
부유하고 지위가 높아도 우울해 하지.

띄어쓰기와 맞춤법에 주의하며 지혜의 글을 따라 써 보세요.

만족을 아는 사람은

가난하고 지위가 낮아도 즐거워하는데,

만족을 모르는 사람은

부유하고 지위가 높아도 우울해 하지.

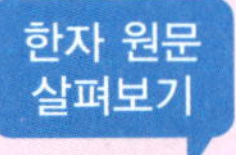

知	足	者는	貧	賤	亦	樂이요	
알지	발족	사람자	가난할빈	천할천	또역	즐길락	
不	知	足	者는	富	貴	亦	憂니라
아닐부	알지	발족	사람자	부유할부	귀할귀	또역	근심우

의미를 생각하면서 명심보감의 지혜를 다시 따라 써 보세요.

만족을 아는 사람은
가난하고 지위가 낮아도 즐거워하는데,
만족을 모르는 사람은
부유하고 지위가 높아도 우울해 하지.

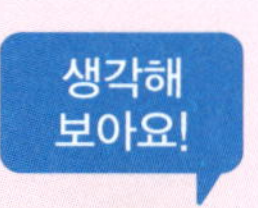

누구나 행복을 꿈꿔요. 행복은 흐뭇하고 기쁜, 그러니까 즐거운 감정이죠. 가진 것 하나 없는 사람이라도 만족을 알면 행복을 만끽해요. 하지만 가진 것이 많아도 만족을 모르면 우울할 수밖에 없죠. 그러고 보면 행복의 조건은 '만족할 줄 아는 능력'이 아닐까요?

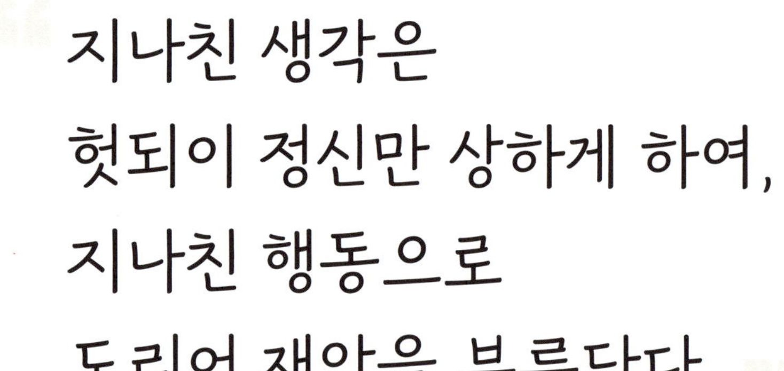

지나친 생각은
헛되이 정신만 상하게 하여,
지나친 행동으로
도리어 재앙을 부른단다.

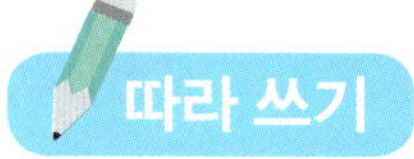

띄어쓰기와 맞춤법에 주의하며 지혜의 글을 따라 써 보세요.

지나친 생각은
헛되이 정신만 상하게 하여,
지나친 행동으로
도리어 재앙을 부른단다.

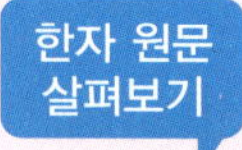

濫(넘칠 남) 想(생각 상)은 徒(헛되이 도) 傷(다칠 상) 神(정신 신)이라
妄(망령될 망) 動(움직일 동)으로 反(돌이킬 반) 致(이룰 치) 禍(재앙 화)니라

의미를 생각하면서 명심보감의 지혜를 다시 따라 써 보세요.

지나친 생각은
헛되이 정신만 상하게 하여,
지나친 행동으로
도리어 재앙을 부른단다.

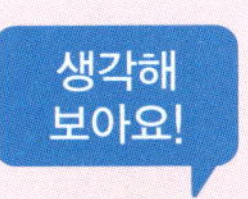

나쁜 일을 겪지 않으려면 깊이 생각하고 신중하게 행동해야 해요. 하지만 생각은 많은데 깊어지지 않고 복잡하게 뒤엉킬 때가 있어요. 그럴 땐 거기서 딱, 생각을 멈춰야 해요! 생각이 너무 앞서가면 행동이 과해져서 오히려 안 좋은 일이 벌어질 수 있거든요.

마음을 밝혀 주는 이천 년의 지혜

만족할 줄 알아서 늘 만족하면
평생 욕먹을 일이 없고,
멈출 때를 알아서 제때 멈추면
평생 부끄러울 일이 없어.

따라 쓰기 띄어쓰기와 맞춤법에 주의하며 지혜의 글을 따라 써 보세요.

만족할 줄 알아서 늘 만족하면
평생 욕먹을 일이 없고,
멈출 때를 알아서 제때 멈추면
평생 부끄러울 일이 없어.

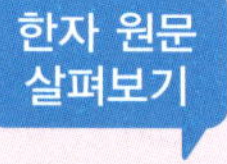

知(알지) 足(발족) 常(항상상) 足(발족)이면 終(끝종) 身(몸신) 不(아닐불) 辱(욕될욕)이고
知(알지) 止(그칠지) 常(항상상) 止(그칠지)면 終(끝종) 身(몸신) 無(없을무) 恥(부끄러울치)니라

의미를 생각하면서 명심보감의 지혜를 다시 따라 써 보세요.

만족할 줄 알아서 늘 만족하면
평생 욕먹을 일이 없고,
멈출 때를 알아서 제때 멈추면
평생 부끄러울 일이 없어.

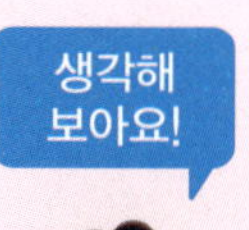

남한테 욕먹고 싶은 사람 있나요? 남 보기 부끄러워서 숨어 다니고 싶은 사람은요? 그런 망신을 당하지 않으려면 '언제 만족하고 멈춰야 하는지'를 알고 그걸 실천해 내야 해요. 천 리 길도 한 걸음부터! 만족하고 멈출 때에 대해 먼저 깊이 생각해 봐요.

마음을 밝혀 주는 《서경》 책의 가르침

 월  일 

> 가진 게 많을수록
> 오히려 손해를 보고,
> 내세우지 않고 겸손할수록
> 되레 이익을 얻는단다.

※ 《서경》 : 고대 중국의 정치를 기록한 유교 경전

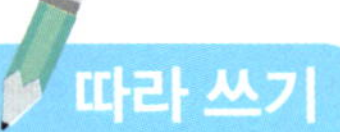

띄어쓰기와 맞춤법에 주의하며 지혜의 글을 따라 써 보세요.

가진 게 많을수록

오히려 손해를 보고,

내세우지 않고 겸손할수록

되레 이익을 얻는단다.

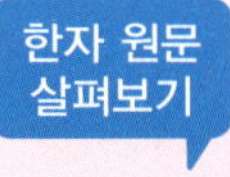

滿(찰 만) 招(부를 초) 損(덜 손)하고 謙(겸손할 겸) 受(받을 수) 益(더할 익)이니라

의미를 생각하면서 명심보감의 지혜를 다시 따라 써 보세요.

가진 게 많을수록
오히려 손해를 보고,
내세우지 않고 겸손할수록
되레 이익을 얻는단다.

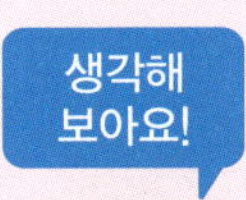

많이 갖게 되면 자신도 모르게 거만해지는 일이 종종 있어요. 그럼 소중한 걸 잃게 되죠. 높아질수록 자신을 낮추고 남을 존중해야 해요. 그럼 도리어 더 많은 사람들의 인정과 축복을 받게 된답니다. '자기를 낮추는 자는 높아진다'는 성경 말씀도 있지요.

"제 처지를 기꺼이 여기면
몸 고달플 일이 없고,
세상의 이치를 알면 마음이 저절로
여유로워지지."

※ 〈안분음〉 : 중국 송나라의 소강절이 지은 시

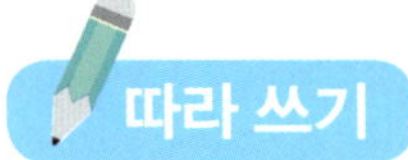

띄어쓰기와 맞춤법에 주의하며 지혜의 글을 따라 써 보세요.

제 처지를 기꺼이 여기면

몸 고달플 일이 없고,

세상의 이치를 알면

마음이 저절로 여유로워지지.

한자 원문 살펴보기

安 分 身 無 辱이고 知 幾 心 自 閑이다

安 편안안 / 分 나눌분 / 身 몸신 / 無 없을무 / 辱 욕될욕 / 知 알지 / 幾 조짐기 / 心 마음심 / 自 스스로자 / 閑 한가할한

의미를 생각하면서 명심보감의 지혜를 다시 따라 써 보세요.

제 처지를 기꺼이 여기면
몸 고달플 일이 없고,
세상의 이치를 알면
마음이 저절로 여유로워지지.

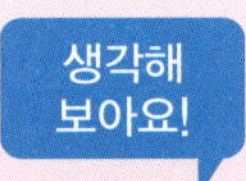

누구에게나 타고난 능력과 환경이 있어요. 그게 자기 처지(분수)이자 본바탕이죠. 본바탕 그대로 '온전한 나'를 못 받아들이고 '완벽한 나'만 꿈꾸면, 욕심이 내 몸을 망가뜨려요. 나를 있는 그대로 소중히 여겨야 욕심에서 벗어나 넉넉한 하늘의 마음을 가질 수 있죠.

마음을 밝혀 주는 공자의 가르침

그 자리에
있지 않으면,
그 자리 일에
나서면 안 된단다.

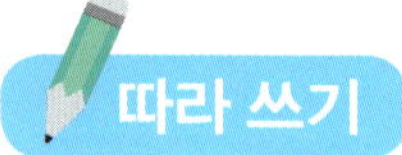

띄어쓰기와 맞춤법에 주의하며 지혜의 글을 따라 써 보세요.

그 자리에

있지 않으면,

그 자리 일에

나서면 안 된단다.

不(아닐 부) 在(있을 재) 其(그 기) 位(자리 위)면 不(아닐 불) 謀(꾀 모) 其(그 기) 政(정사 정)이니라

의미를 생각하면서 명심보감의 지혜를 다시 따라 써 보세요.

그 자리에
있지 않으면,
그 자리 일에
나서면 안 된단다.

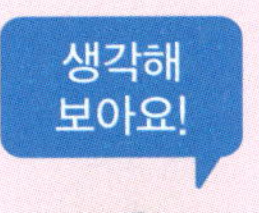

사람 관계나 일에는 질서가 있어요. 자녀는 부모님 밑에서 자라고, 학생은 선생님의 가르침을 배우죠. 같은 학생이라도 반장과 당번은 각자 맡은 역할이 달라요. 서로의 자리를 존중하고 자기 일에 충실해야지, 함부로 선을 넘으면 갈등과 싸움이 생겨요.

말씀 언 말씀 어

言語 언어

제4편

말이 마음에 가 닿는다

소통의 중요성에 관한 글

언어편 1 말이 이치에 맞지 않으면,
차라리 말하지 않는 편이 낫단다.

언어편 2 말은 한 마디라도 이치에 맞지 않으면,
천 마디 말이 쓸모없게 돼.

언어편 3 싸우거나 헐뜯는 말은 재앙과 근심의 문이자,
몸을 망치는 도끼와 같지.

언어편 4
남을 돕는 말은 솜처럼 따뜻하고,
남을 해치는 말은 가시처럼 날카롭단다.

언어편 5
한 마디 짧은 말도 무겁기가 천금 같고,
말 한 마디에 상처 입어도 칼에 베인 듯 아프단다.

언어편 6
입은 남을 다치게 하는 도끼이고 말은 혀를 베는 칼이어서,
입을 닫고 혀를 깊이 감춰야 어디에 있든 안전하지.

언어편 7
사람을 만나 이야기할 때는 우선 3분의 1만 말하고,
한 조각 속마음까지 전부 털어놓아서는 안 돼.

마음을 밝혀 주는 유회의 가르침

 월   일

"말이 이치에
맞지 않으면,
차라리 말하지
않는 편이 낫단다."

※ 유회 : 중국 전국 시대의 학자

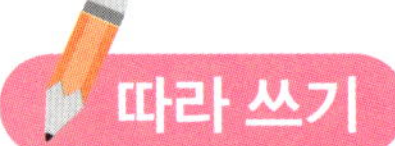

따라 쓰기 띄어쓰기와 맞춤법에 주의하며 지혜의 글을 따라 써 보세요.

말이 이치에

맞지 않으면,

차라리 말하지

않는 편이 낫단다.

한자 원문 살펴보기

言	不	中	理면	不	如	不	言이니라
말씀언	아닐부	가운데중	다스릴리	아닐불	같을여	아닐불	말씀언

의미를 생각하면서 명심보감의 지혜를 다시 따라 써 보세요.

말이 이치에
맞지 않으면,
차라리 말하지
않는 편이 낫단다.

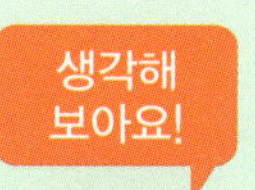

한 번 뱉은 말은 다시 주워 담을 수 없어요. 잘 모르면서 괜한 말을 했다가 핀잔을 듣거나 말씨름을 하게 된 일이 있었나요? 옳고 바른 말이 아니라면 차라리 입을 다무는 편이 나아요. 말실수가 잦다면 아예 말수를 줄이는 연습을 해 보면 어떨까요?

마음을 밝혀 주는 이천 년의 지혜

 월  일

말은 한 마디라도
이치에 맞지 않으면,
천 마디 말이
쓸모없게 돼.

띄어쓰기와 맞춤법에 주의하며 지혜의 글을 따라 써 보세요.

말은 한 마디라도

이치에 맞지 않으면,

천 마디 말이

쓸모없게 돼.

한자 원문 살펴보기

一(한 일) 言(말씀 언) 不(아닐 부) 中(가운데 중)이면 千(일천 천) 語(말씀 어) 無(없을 무) 用(쓸 용)이니라

의미를 생각하면서 명심보감의 지혜를 다시 따라 써 보세요.

말은 한 마디라도
이치에 맞지 않으면,
천 마디 말이
쓸모없게 돼.

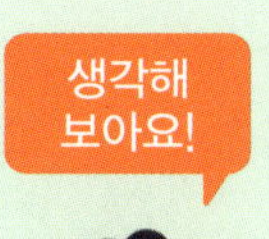

말은 한 마디 한 마디가 중요해요. 한 마디라도 의심이 생기면, 그때껏 한 수많은 말들도 깡그리 '못 믿을 소리'가 되거든요. 특히 말이 행동과 다르면 그 사람의 진심까지 의심받게 되죠. 그러니 말할 때는 나의 진심을 보여 준다는 마음으로 신중하게 하세요.

마음을 밝혀 주는 군평의 가르침

월 일

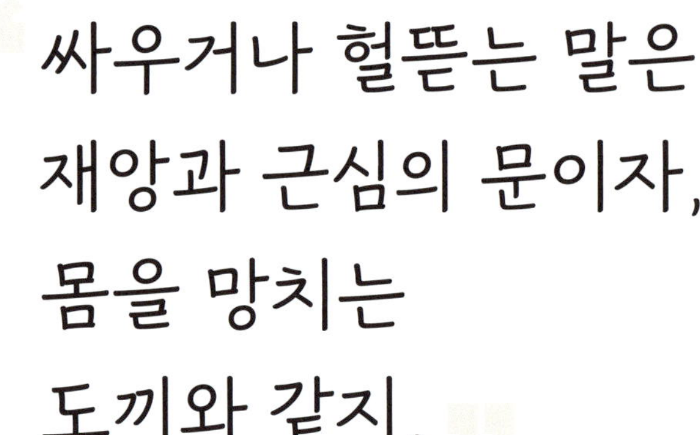

※ 군평 : 중국 전한 시대에 은둔해 살던 예언자

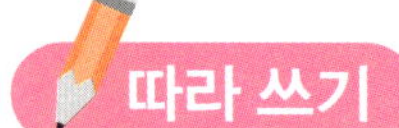

띄어쓰기와 맞춤법에 주의하며 지혜의 글을 따라 써 보세요.

싸우거나 헐뜯는 말은

재앙과 근심의 문이자,

몸을 망치는

도끼와 같지.

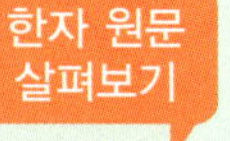

口(입구) 舌(혀설) 者(사람자)는 禍(재앙화) 患(근심환) 之(갈지) 門(문문)이요

滅(다할멸) 身(몸신) 之(갈지) 斧(도끼부) 也(어조사야)니라

의미를 생각하면서 명심보감의 지혜를 다시 따라 써 보세요.

싸우거나 헐뜯는 말은

재앙과 근심의 문이자,

몸을 망치는

도끼와 같지.

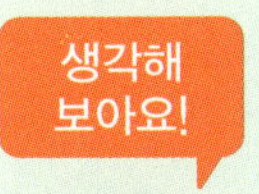

'구설(口舌)에 올랐다'는 말을 아나요? 사람들의 험담을 듣게 되었다는 뜻이죠. 입과 혀는 좋은 말을 하면 축복을 가져오지만, 보통은 험한 말로 다툼과 미움을 살 때가 많아요. 그땐 말이 도끼가 되어 몸과 마음에 큰 상처를 입히게 되니, 항상 말을 조심해요!

마음을 밝혀 주는 이천 년의 지혜

 월  일

"남을 돕는 말은
솜처럼 따뜻하고,
남을 해치는 말은
가시처럼 날카롭단다."

따라 쓰기 띄어쓰기와 맞춤법에 주의하며 지혜의 글을 따라 써 보세요.

남을 돕는 말은
솜처럼 따뜻하고,
남을 해치는 말은
가시처럼 날카롭단다.

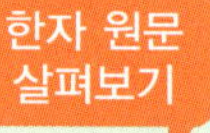

利	人	之	言은	暖	如	綿	絮하고
이로울이	사람인	갈지	말씀언	따뜻할난	같을여	솜면	솜서
傷	人	之	語는	利	如	荊	棘이라
다칠상	사람인	갈지	말씀어	날카로울이	같을여	가시나무형	가시극

의미를 생각하면서 명심보감의 지혜를 다시 따라 써 보세요.

남을 돕는 말은
솜처럼 따뜻하고,
남을 해치는 말은
가시처럼 날카롭단다.

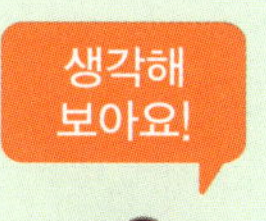

시험을 망친 친구에게 뭐라고 말해 주면 좋을까요? “매일 10분씩만 복습하면 다음번 시험은 더 잘 볼 수 있어!” 아니면 “그러니까 평소에 공부 좀 하지!” 두 말의 온도 차이가 느껴지나요? 어떤 말이 돕는 말이고, 어떤 말이 해치는 말일까요?

월

일

"한 마디 짧은 말도
무겁기가 천금 같고,
말 한 마디에 상처 입어도
칼에 베인 듯 아프단다."

따라 쓰기 띄어쓰기와 맞춤법에 주의하며 지혜의 글을 따라 써 보세요.

한 마디 짧은 말도

무겁기가 천금 같고,

말 한 마디에 상처 입어도

칼에 베인 듯 아프단다.

한자 원문 살펴보기

一(한 일) 言(말씀 언) 半(반 반) 句(글귀 구)이어도 重(무거울 중) 値(값 치) 千(일천 천) 金(금 금)이요
一(한 일) 語(말씀 어) 傷(다칠 상) 人(사람 인)이어도 痛(아플 통) 如(같을 여) 刀(칼 도) 割(벨 할)이니라

의미를 생각하면서 명심보감의 지혜를 다시 따라 써 보세요.

한 마디 짧은 말도
무겁기가 천금 같고,
말 한 마디에 상처 입어도
칼에 베인 듯 아프단다.

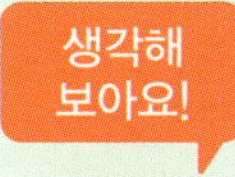

말은 한마디를 뱉어도 한 명, 열 명, 백 명…의 귀에 들어가요. 짧은 말이라도 순식간에 수많은 사람에게 퍼져 나가 영향을 미치는 거죠. 사나운 말은 단 한 마디라도 마음에 오래 남아 계속 상처를 내요. 어쩌면 칼에 베이는 것보다 훨씬 아픈 말도 있을 거예요.

마음을 밝혀 주는 이천 년의 지혜

 월  일

"입은 남을 다치게 하는 도끼이고
말은 혀를 베는 칼이어서,
입을 닫고 혀를 깊이 감춰야
어디에 있든 안전하지."

따라 쓰기 띄어쓰기와 맞춤법에 주의하며 지혜의 글을 따라 써 보세요.

입은 남을 다치게 하는 도끼이고
말은 혀를 베는 칼이어서,
입을 닫고 혀를 깊이 감춰야
어디에 있든 안전하지.

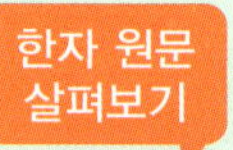

口	是	傷	人	斧요	言	是	割	舌	刀니
입구	이시	다칠상	사람인	도끼부	말씀언	이시	벨할	혀설	칼도
閉	口	深	藏	舌이면	安	身	處	處	牢니라
닫을폐	입구	깊을심	감출장	혀설	편안안	몸신	곳처	곳처	우리뢰

의미를 생각하면서 명심보감의 지혜를 다시 따라 써 보세요.

입은 남을 다치게 하는 도끼이고
말은 혀를 베는 칼이어서,
입을 닫고 혀를 깊이 감춰야
어디에 있든 안전하지.

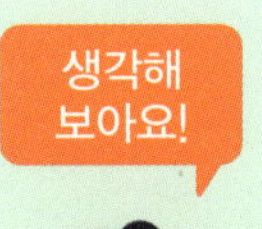

말은 내가 어떻게 하느냐보다 '남이 어떻게 듣느냐'가 더 중요해요. 듣는 사람에게 어떻게 가 닿을지를 먼저 생각하지 않으면, 무심코 한 말에 누군가 다칠 수 있거든요. 그 상처가 언젠가 나에게 칼이 되어 되돌아올 수 있으니, 항상 말을 아껴야 해요.

마음을 밝혀 주는 이천 년의 지혜

 월  일

"사람을 만나 이야기할 때는
우선 3분의 1만 말하고,
한 조각 속마음까지
전부 털어놓아서는 안 돼."

따라 쓰기 띄어쓰기와 맞춤법에 주의하며 지혜의 글을 따라 써 보세요.

사람을 만나 이야기할 때는

우선 3분의 1만 말하고,

한 조각 속마음까지

전부 털어놓아서는 안 돼.

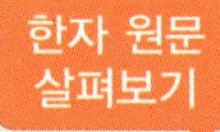

逢(만날 봉) 人(사람 인) 且(또 차) 說(말씀 설) 三(석 삼) 分(나눌 분) 話(말씀 화)요

未(아닐 미) 可(옳을 가) 全(온전할 전) 拋(던질 포) 一(한 일) 片(조각 편) 心(마음 심)이니라

의미를 생각하면서 명심보감의 지혜를 다시 따라 써 보세요.

사람을 만나 이야기할 때는
우선 3분의 1만 말하고,
한 조각 속마음까지
전부 털어놓아서는 안 돼.

하고 싶은 말을 다 하는 건 무례한 행동일 수 있어요. 누구나 내 마음을 궁금해 하는 것도 아니고, 또 내 마음이라도 정확히 말하는 일은 의외로 어렵거든요. 말이 많으면 실수가 생기고, 나쁘게 이용당할 수도 있어요. 말보다 행동으로 마음을 표현해 봐요.

효도 효 다닐 행

孝行 효행

제5편

정성껏 섬기고 돌본다

효와 가정의 질서에 관한 글

효행편 1 아버지 날 낳으시고 어머니 날 기르시니, 그 은혜는 갚으려 해도 하늘같이 크고 높아서 끝이 없어라.

효행편 2 부모를 잘 섬기는 자녀는, 품 안에서 지낼 때는 공경하고 모시고 살 때는 기뻐하며 돌아가시면 온 마음으로 슬퍼하지.

효행편 3 부모님이 살아 계시면 멀리 놀러 가지 말고, 놀러 가더라도 어디로 가는지 반드시 알리렴.

효행편 4

아버지가 부르시면 예 대답하고서 머뭇거리지 말고,
음식이 입 안에 있으면 바로 뱉고 달려가렴.

효행편 5

부모님께 효도하면 자식 또한 효도할 것인데,
자신이 효도하지 않으면 자식이 어떻게 효도하겠니?

효행편 6

부모님을 섬기며 순종하면 섬기고 순종하는
자식을 낳고, 부모님을 거스르고 돌아서면
거스르고 돌아서는 자식을 낳는단다.

마음을 밝혀 주는 《시경》 책의 가르침

아버지 날 낳으시고
어머니 날 기르시니,
그 은혜는 갚으려 해도 하늘같이
크고 높아서 끝이 없어라.

※ 《시경》 : 중국 최초의 시가집

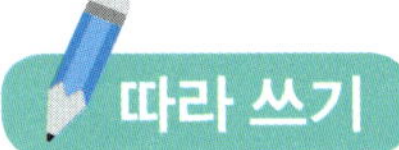

띄어쓰기와 맞춤법에 주의하며 지혜의 글을 따라 써 보세요.

아버지 날 낳으시고
어머니 날 기르시니,
그 은혜는 갚으려 해도
하늘같이 크고 높아서 끝이 없어라.

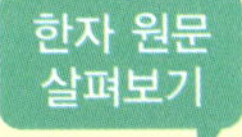

父(아버지 부) 兮(어조사 혜) 生(날 생) 我(나 아)하고 母(어머니 모) 兮(어조사 혜) 鞠(공 국) 我(나 아)하니

欲(하고자할 욕) 報(갚을 보) 之(갈 지) 德(클 덕)이라도 昊(하늘 호) 天(하늘 천) 罔(그물 망) 極(극진할 극)이다

의미를 생각하면서 명심보감의 지혜를 다시 따라 써 보세요.

아버지 날 낳으시고
어머니 날 기르시니,
그 은혜는 갚으려 해도
하늘같이 크고 높아서 끝이 없어라.

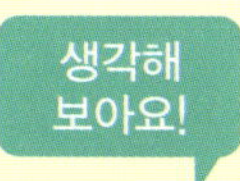

한 생명을 낳고 기르는 일은 신의 활동과 가장 닮았어요. 세상을 창조한 신처럼, 부모는 한 아이의 일생을 탄생시키니까요. 도저히 가 닿을 수 없는 하늘의 신처럼, 부모님의 은혜도 크고 높아서 갚을 수가 없죠. 우린 그저 감사하고 사랑하면 된답니다.

마음을 밝혀 주는 공자의 가르침

"부모를 잘 섬기는 자녀는,
품 안에서 지낼 때는 공경하고
모시고 살 때는 기뻐하며
돌아가시면 온 마음으로 슬퍼하지."

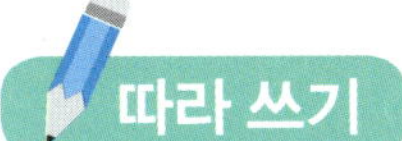

따라 쓰기 띄어쓰기와 맞춤법에 주의하며 지혜의 글을 따라 써 보세요.

부모를 잘 섬기는 자녀는,

품 안에서 지낼 때는 공경하고

모시고 살 때는 기뻐하며

돌아가시면 온 마음으로 슬퍼하지.

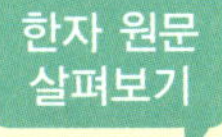

한자 원문 살펴보기

孝(효도 효) 子(아들 자) 之(갈 지) 事(일 사) 親(친할 친) 也(어조사 야)는 居(살 거) 則(곧 즉) 致(이를 치) 其(그 기) 敬(공경 경)하고

養(기를 양) 則(곧 즉) 致(이를 치) 其(그 기) 樂(즐길 락)하고 喪(잃을 상) 則(곧 즉) 致(이를 치) 其(그 기) 哀(슬플 애)니라

의미를 생각하면서 명심보감의 지혜를 다시 따라 써 보세요.

부모를 잘 섬기는 자녀는,
품 안에서 지낼 때는 공경하고
모시고 살 때는 기뻐하며
돌아가시면 온 마음으로 슬퍼하지.

효도는 단순히 부모님 말씀을 잘 듣는 것이 아니에요. 부모님과 함께하는 모든 순간을 감사하게 여기고, 온 힘 다해 그 시간을 사랑하고 존중하는 거죠. 오늘 내가 부모님께 드릴 수 있는 사랑과 존중의 표현을 생각해 보고 꼭 실천해 보세요.

마음을 밝혀 주는 공자의 가르침

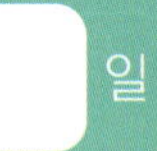

부모님이 살아 계시면
멀리 놀러 가지 말고,
놀러 가더라도 어디로 가는지
반드시 알리렴.

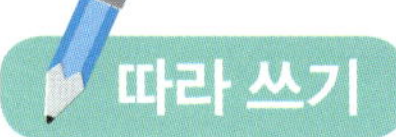

띄어쓰기와 맞춤법에 주의하며 지혜의 글을 따라 써 보세요.

부모님이 살아 계시면

멀리 놀러 가지 말고,

놀러 가더라도 어디로 가는지

반드시 알리렴.

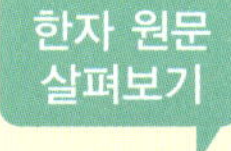

父(아버지 부) 母(어머니 모) 在(있을 재)이시면 不(아닐 불) 遠(멀 원) 遊(놀 유)하고

遊(놀 유) 必(반드시 필) 有(있을 유) 方(모 방)이다

의미를 생각하면서 명심보감의 지혜를 다시 따라 써 보세요.

부모님이 살아 계시면
멀리 놀러 가지 말고,
놀러 가더라도 어디로 가는지
반드시 알리렴.

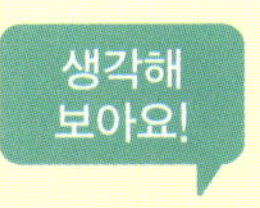

어떤 부모든 내 아이가 어디서 무얼 하는지 궁금할 수밖에 없어요. 아프거나 위험한 상황에 처하면 바로 달려가 도와야 하니까요. 학교 파하고 바로 집에 가지 않을 때는 꼭 부모님께 먼저 연락드리세요. 괜한 걱정에 부모님 마음이 타들어 가지 않도록 말예요.

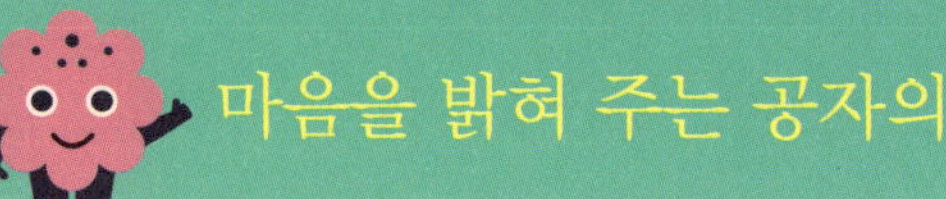

"아버지가 부르시면
예 대답하고서 머뭇거리지 말고,
음식이 입 안에 있으면
바로 뱉고 달려가렴."

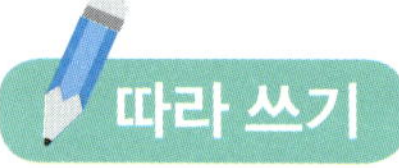

띄어쓰기와 맞춤법에 주의하며 지혜의 글을 따라 써 보세요.

아버지가 부르시면

예 대답하고서 머뭇거리지 말고,

음식이 입 안에 있으면

바로 뱉고 달려가렴.

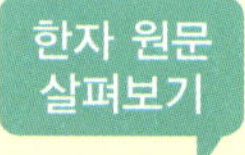

父(아버지 부) 命(목숨 명) 召(부를 소)시면 唯(오직/예 유) 而(말이을 이) 不(아닐 불) 諾(허락할 낙)하고

食(밥 식) 在(있을 재) 口(입 구) 則(곧 즉) 吐(토할 토) 之(갈 지)니라

의미를 생각하면서 명심보감의 지혜를 다시 따라 써 보세요.

아버지가 부르시면
예 대답하고서 머뭇거리지 말고,
음식이 입 안에 있으면
바로 뱉고 달려가렴.

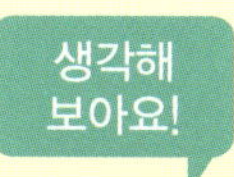

부모님을 공경한다면 바로 순종하는 습관을 길러 보세요. 늑장을 부리면 꾀가 나서 괜한 핑곗거리가 생겨요. 그럼 마음이 흐트러져 부모님 말씀을 대충 흘려들으면서 잔소리라고 불평하게 되죠. 내가 잘되기를 바라는 부모님의 사랑을 굳게 믿어 보세요.

마음을 밝혀 주는 태공의 가르침

부모님께 효도하면
자식 또한 효도할 것인데,
자신이 효도하지 않으면
자식이 어떻게 효도하겠니?

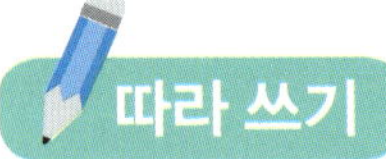

띄어쓰기와 맞춤법에 주의하며 지혜의 글을 따라 써 보세요.

부모님께 효도하면

자식 또한 효도할 것인데,

자신이 효도하지 않으면

자식이 어떻게 효도하겠니?

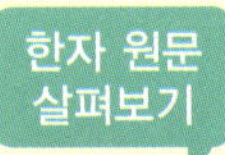

孝(효도 효) 於(어조사 어) 親(친할/어버이 친)이면 子(아들 자) 亦(또 역) 孝(효도 효) 之(갈 지)하나니

身(몸 신) 既(이미 기) 不(아닐 불) 孝(효도 효)면 子(아들 자) 何(어찌 하) 孝(효도 효) 焉(어찌 언)이리오

의미를 생각하면서 명심보감의 지혜를 다시 따라 써 보세요.

부모님께 효도하면
자식 또한 효도할 것인데,
자신이 효도하지 않으면
자식이 어떻게 효도하겠니?

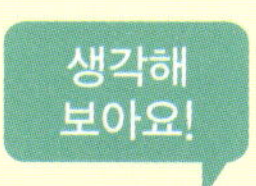

'자식은 부모의 뒷모습을 보고 배운다'는 말이에요. 아이가 자기 행동을 보고 배운다니, 부모님들 어깨가 좀 무겁겠죠? 그런데 바꿔 생각해 봐요. 스스로 바로 서려고 애쓰는 부모라면, 따로 자식 교육에 힘들이지 않아도 되니 오히려 반가운 말이지 않을까요?

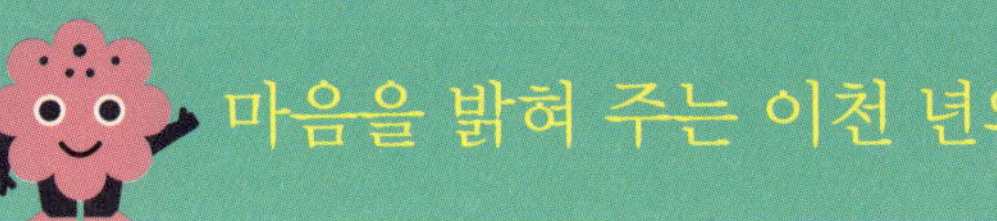

"부모님을 섬기고 순종하면
섬기고 순종하는 자식을 낳고,
부모님을 거스르고 돌아서면
거스르고 돌아서는 자식을 낳는단다."

따라 쓰기 띄어쓰기와 맞춤법에 주의하며 지혜의 글을 따라 써 보세요.

부모님을 섬기며 순종하면
섬기고 순종하는 자식을 낳고,
부모님을 거스르고 돌아서면
거스르고 돌아서는 자식을 낳는단다.

孝	順은	還	生	孝	順	子요
효도효	순할순	돌아올환	날생	효도효	순할순	아들자
忤	逆은	還	生	忤	逆	子라
거스를오	거스를역	돌아올환	날생	거스를오	거스를역	아들자

의미를 생각하면서 명심보감의 지혜를 다시 따라 써 보세요.

부모님을 섬기며 순종하면

섬기며 순종하는 자식을 낳고,

부모님을 거스르고 돌아서면

거스르고 돌아서는 자식을 낳는단다.

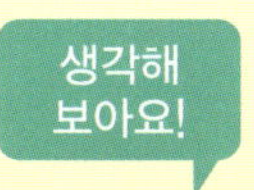

부모는 자식에게 유전자와 재산뿐 아니라 가치관과 생각, 삶의 자세, 생활습관까지도 물려주게 돼요. 효도와 불효 같은 행동도 대물림이 되죠. 조부모님–부모님–나–언젠가 태어날 아이들…이 하나로 이어진다고 생각하면, 가족이란 참 신비한 관계 같지 않나요?

부지런할 근 배울 학

勤學 근학

제6편

부지런히 배운다

배움과 교육에 관한 글

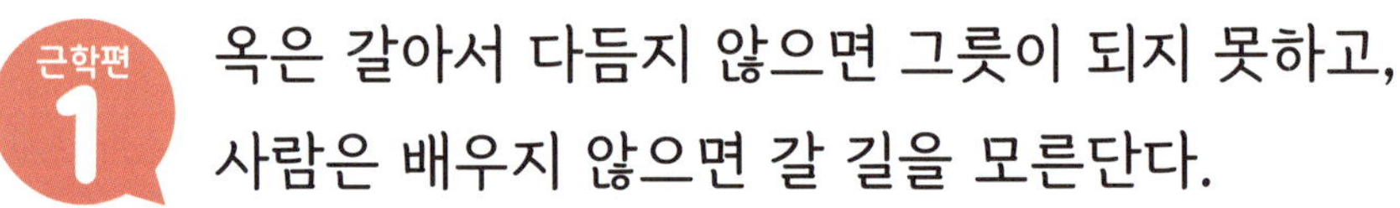

근학편 1 옥은 갈아서 다듬지 않으면 그릇이 되지 못하고,
사람은 배우지 않으면 갈 길을 모른단다.

근학편 2 사람이 배우지 않으면,
어둡고 어두운 밤길을 헤매는 것과 같아.

근학편 3 사람이 과거와 현재의 일을 훤히 알지 않으면,
말이나 소가 옷을 입은 것이란다.

근학편 4

폭넓게 배워서 뜻을 굳건히 세우고,
간절하게 묻고 구하면서 생각을 가까운 일상에 두면,
그 가운데에 어진 행동이 있단다.

근학편 5

배워서 지혜가 깊어짐은, 잔뜩 낀 구름을 헤치고
푸른 하늘을 보며, 높은 산에 올라 세상을
굽어보는 것과 같지.

근학편 6

배울 때는 부족한 듯이 열심히 하고,
오로지 배운 것을 잊을까 봐 두려워하렴.

근학편 7

배우는 사람은 벼와 쌀 같고,
배우지 않는 사람은 쑥이나 풀과 같단다.

근학편 8

쑥과 풀 같은 친구야! 훗날 담벼락을 보고 있는 듯
꽉 막힌 자신을 뉘우칠 땐 이미 늙었을 거란다.

마음을 밝혀 주는 자하의 가르침

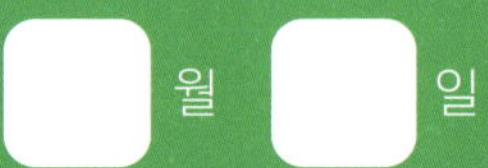

"폭넓게 배워서 뜻을 굳건히 세우고,
간절하게 묻고 구하면서
생각을 가까운 일상에 두면,
그 가운데에 어진 품성이 있단다."

※ 자하 : 공자의 제자 중 한 사람

띄어쓰기와 맞춤법에 주의하며 지혜의 글을 따라 써 보세요.

폭넓게 배워서 뜻을 굳건히 세우고,

절실하게 묻고 구하면서

생각을 가까운 일상에 두면,

그 가운데에 어진 품성이 있단다.

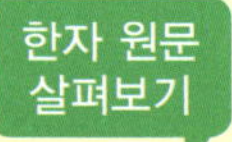

博 學 而 篤 志하고 切 問 而 近 思하면

넓을박 배울학 말이을이 도타울독 뜻지 끊을절 물을문 말이을이 가까울근 생각사

仁 在 其 中 矣니라

어질인 있을재 그기 가운데중 어조사의

의미를 생각하면서 명심보감의 지혜를 다시 따라 써 보세요.

폭넓게 배워서 뜻을 굳건히 세우고,
간절하게 묻고 구하면서
생각을 가까운 일상에 두면,
그 가운데에 어진 품성이 있단다.

공부란 무엇일까요? 우리는 왜 공부해야 할까요? 공부는 배우고 묻는 과정이에요. 폭넓게 배워 마음의 힘이 단단해지는 것, 묻고 깨우쳐 일상을 어떻게 살지 생각할 줄 아는 것, 그게 공부의 목적이죠. 그럼 어느새 의롭고 현명하고 따뜻한 품성, '인'을 갖추게 된대요.

마음을 밝혀 주는 장자의 가르침

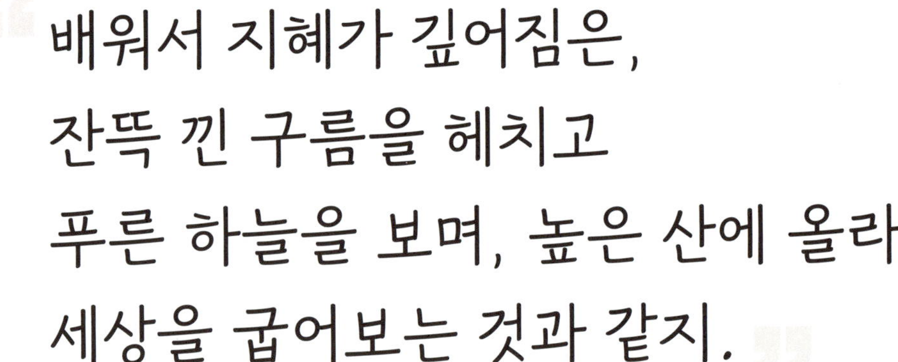
배워서 지혜가 깊어짐은,
잔뜩 낀 구름을 헤치고
푸른 하늘을 보며, 높은 산에 올라
세상을 굽어보는 것과 같지.

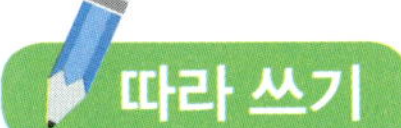

띄어쓰기와 맞춤법에 주의하며 지혜의 글을 따라 써 보세요.

배워서 지혜가 깊어짐은,
잔뜩 낀 구름을 헤치고
푸른 하늘을 보며, 높은 산에 올라
세상을 굽어보는 것과 같지.

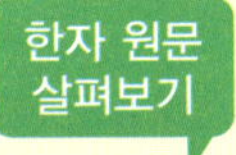

學(배울 학) 而(말이을 이) 智(슬기 지) 遠(멀 원)은 如(같을 여) 披(헤칠 피) 祥(복 상) 雲(구름 운) 而(말이을 이) 覩(볼 도) 靑(푸를 청) 天(하늘 천)하고
登(오를 등) 高(높을 고) 山(메 산) 而(말이을 이) 望(바랄 망) 四(넉 사) 海(바다 해)니라

의미를 생각하면서 명심보감의 지혜를 다시 따라 써 보세요.

배워서 지혜가 깊어짐은,
잔뜩 낀 구름을 헤치고
푸른 하늘을 보며, 높은 산에 올라
세상을 굽어보는 것과 같지.

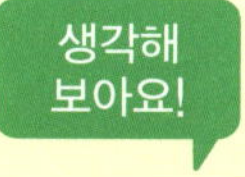

배워서 깨달아야 사람은 지혜로워져요. 배움은 단순히 지식과 정보를 많이 아는 것이 아니라, 앎을 통해 스스로 깨우치고 생각하여 실천하는 과정을 거듭하는 것이거든요. 그렇게 배움 속에서 지혜가 깊어지면 세상을 보는 안목도 크고 높아지지요.

마음을 밝혀 주는 《예기》 책의 가르침

월

일

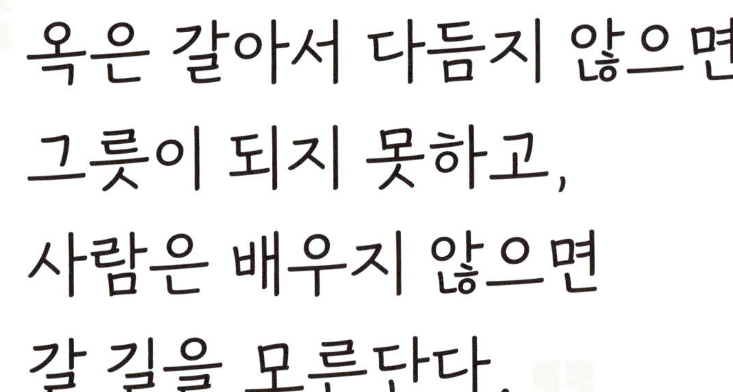

옥은 갈아서 다듬지 않으면
그릇이 되지 못하고,
사람은 배우지 않으면
갈 길을 모른단다.

※ 《예기》 : 유교 경전 중 예절에 관한 책

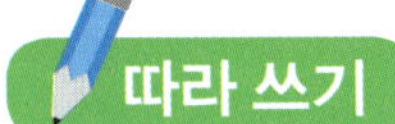

띄어쓰기와 맞춤법에 주의하며 지혜의 글을 따라 써 보세요.

옥은 갈아서 다듬지 않으면
그릇이 되지 못하고,
사람은 배우지 않으면
갈 길을 모른단다.

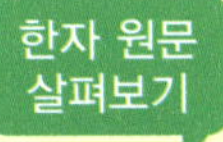

玉(구슬옥) 不(아닐불) 琢(다듬을탁)이면 不(아닐불) 成(이룰성) 器(그릇기)하고

人(사람인) 不(아닐불) 學(배울학)이면 不(아닐부) 知(알지) 道(길도)니라

의미를 생각하면서 명심보감의 지혜를 다시 따라 써 보세요.

옥은 갈아서 다듬지 않으면
그릇이 되지 못하고,
사람은 배우지 않으면
갈 길을 모른단다.

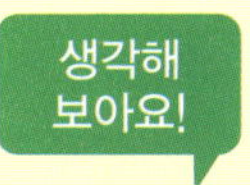

아무리 좋은 재능을 타고났어도 부지런히 갈고 닦지 않으면 빛이 바래요. 천재도 겸손히 배우고 노력해야지, 거만해서 배우지 않으면 나아가지 못하죠. 반면에 재능이 부족해도 꾸준히 노력하면 못 이룰 게 없고요. 결국 우리에겐 게으름과 교만이 가장 큰 걸림돌이죠.

마음을 밝혀 주는 태공의 가르침

 월  일

사람이
배우지 않으면,
어둡고 어두운 밤길을
헤매는 것과 같아.

따라 쓰기 띄어쓰기와 맞춤법에 주의하며 지혜의 글을 따라 써 보세요.

사람이
배우지 않으면,
어둡고 어두운 밤길을
헤매는 것과 같아.

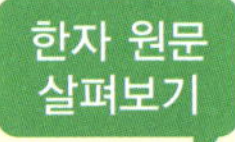

人(사람 인) 生(날 생) 不(아닐 불) 學(배울 학)이면
如(같을 여) 冥(어두울 명) 冥(어두울 명) 夜(밤 야) 行(다닐 행)이니라

의미를 생각하면서 명심보감의 지혜를 다시 따라 써 보세요.

사람이

배우지 않으면,

어둡고 어두운 밤길을

헤매는 것과 같아.

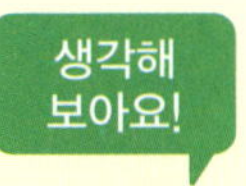

불빛 없는 밤길을 혼자 걸어 본 적 있나요? 앞이 안 보여 한 발짝을 내딛기도 겁나고 떨렸을 거예요. 살면서 중요한 결정을 해야 하는 순간마다 무엇이 맞고 틀린지 분간할 수 없다면, 얼마나 앞이 캄캄할까요? 배움은 우리 생각에 등불을 밝히는 일과 같아요.

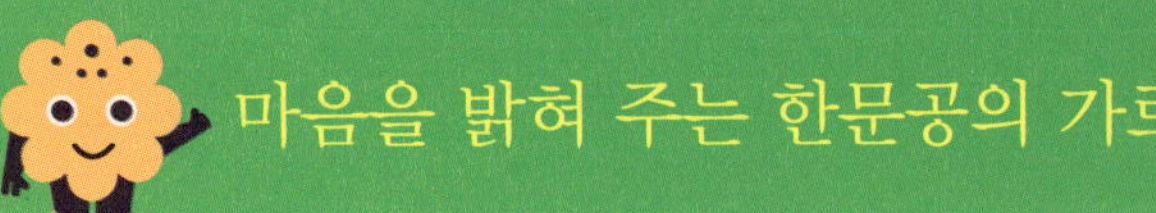

사람이 과거와 현재의 일을
훤히 알지 않으면,
말이나 소가
옷을 입은 것이란다.

※ 한문공 : 한유. 중국 당 · 송 시대의 유명한 문인

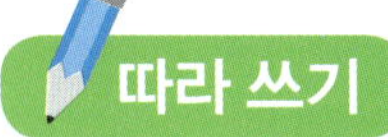

띄어쓰기와 맞춤법에 주의하며 지혜의 글을 따라 써 보세요.

사람이 과거와 현재의 일을
훤히 알지 않으면,
말이나 소가
옷을 입은 것이란다.

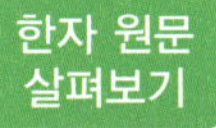

人	不	通	古	今이면
사람인	아닐불	통할통	옛고	이제금
馬	牛	而	襟	裾니라
말마	소우	말이을이	옷깃금	자락거

의미를 생각하면서 명심보감의 지혜를 다시 따라 써 보세요.

사람이 과거와 현재의 일을

훤히 알지 않으면,

말이나 소가

옷을 입은 것이란다.

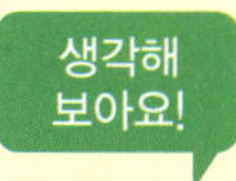

중국의 유명한 문학가 한유(韓愈)가 아들에게 지어 준 시의 한 구절이에요. 배움은 과거의 것을 지금의 시선으로 해석하는 일이에요. 과거와 현재의 일을 모르면 어디로 갈지 모르는 동물과 같다는 말이죠. 이천 년 전에도 '공부하라'는 부모님 잔소리가 있었다니, 놀랍죠?

마음을 밝혀 주는 공자의 가르침

 월  일

배울 때는
부족한 듯이 열심히 하고,
오로지 배운 것을
잊을까 봐 두려워하렴.

따라 쓰기 띄어쓰기와 맞춤법에 주의하며 지혜의 글을 따라 써 보세요.

배울 때는
부족한 듯이 열심히 하고,
오로지 배운 것을
잊을까 봐 두려워하렴.

한자 원문 살펴보기

學(배울 학) 如(같을 여) 不(아닐 불) 及(미칠 급)하고 惟(오로지 유) 恐(두려울 공) 失(잃을 실) 之(갈 지)하라

의미를 생각하면서 명심보감의 지혜를 다시 따라 써 보세요.

배울 때는
부족한 듯이 열심히 하고,
오로지 배운 것을
잊을까 봐 두려워하려.

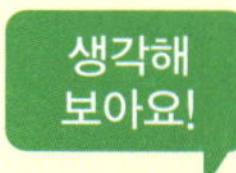

배울 때는 자신의 부족함을 알고 겸손해야 해요. '다 아는 것'으로 여기는 순간 열심이 사라지고 대충 배우려 들거든요. 그런데 사람의 기억은 불완전해서 '다 안다'는 건 있을 수 없어요. 배운 걸 잊어버리지 않았을까, 무엇을 잊었을까 늘 점검해야 하죠.

마음을 밝혀 주는 휘종 황제의 가르침

 월 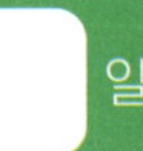 일

"배우는 사람은
벼와 쌀 같고,
배우지 않는 사람은
쑥이나 풀과 같단다."

※ 휘종 황제 : 중국 북송의 제 8대 황제.

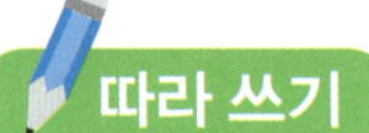

따라 쓰기 띄어쓰기와 맞춤법에 주의하며 지혜의 글을 따라 써 보세요.

배우는 사람은

벼와 쌀 같고,

배우지 않는 사람은

쑥이나 풀과 같단다.

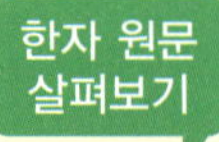

한자 원문 살펴보기

學	者는	如	禾	如	稻요	
배울학	사람자	같을여	벼화	같을여	벼도	
不	學	者는	如	蒿	如	草로다
아닐불	배울학	사람자	같을여	쑥호	같을여	풀초

의미를 생각하면서 명심보감의 지혜를 다시 따라 써 보세요.

배우는 사람은

벼와 쌀 같고,

배우지 않는 사람은

쑥이나 풀과 같단다.

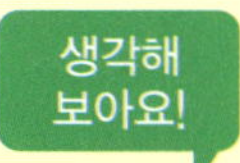

사람은 누구나 '밥 힘'으로 살아요! 밥을 먹지 않으면 영양분이 부족해 몸을 지탱할 수 없거든요. 또한 우리는 배움의 힘으로 살아요! 배우지 않아 옳고 그른 것을 가리지 못하면, 나를 위험에서 지킬 수 없지요. 배움은 우리가 꼭 먹어야 할 정신적 영양분인 거죠.

마음을 밝혀 주는 휘종 황제의 가르침

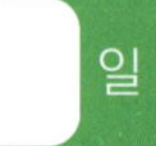

"쑥과 풀 같은 친구야!
훗날 담벼락을 보고 있는 듯
꽉 막힌 자신을 뉘우칠 땐
이미 늙었을 거란다."

따라 쓰기 띄어쓰기와 맞춤법에 주의하며 지혜의 글을 따라 써 보세요.

쑥과 풀 같은 친구야!
훗날 담벼락을 보고 있는 듯
꽉 막힌 자신을 뉘우칠 땐
이미 늙었을 거란다.

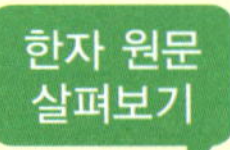

如(같을 여) 蒿(쑥 호) 如(같을 여) 草(풀 초) 兮(어조사 혜)여

他(다를 타) 日(날 일) 面(낯 면) 墻(담 장)에 悔(뉘우칠 회) 之(갈 지) 已(이미 이) 老(늙을 노)로다

의미를 생각하면서 명심보감의 지혜를 다시 따라 써 보세요.

쑥과 풀 같은 친구야!
훗날 담벼락을 보고 있는 듯
꽉 막힌 자신을 뉘우칠 땐
이미 늙었을 거란다.

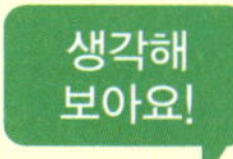

잡초는 밭을 갈거나 밭의 김을 맬 때 다 뽑혀 나가서 거친 들판이나 메마른 땅, 담벼락 밑에서 자라게 돼요. 훗날 거친 땅의 삶이 답답하고 고단하다고 후회해 봐야 아무 소용이 없어요. 배우는 일에도 적당한 시기가 있거든요. 배움의 때를 놓치지 마세요!

2026년 03월 15일 1판 1쇄 **펴냄**
2026년 03월 10일 1판 1쇄 **인쇄**

펴낸곳 (주)효리원
펴낸이 윤종근
글쓴이 HR기획
등록 1990년 12월 20일 · **번호** 2-1108
우편 번호 03147
주소 서울시 종로구 삼일대로 457, 406호
전화 02)3675-5222 · **팩스** 02)765-5222

ISBN 978-89-281-0832-9 74710

이메일 hyoreewon@hyoreewon.com
홈페이지 www.hyoreewon.com